WERNER THISSEN   EINSICHTEN IN UNSICHTBARES

WERNER THISSEN

EINSICHTEN IN UNSICHTBARES

DIE FENSTER GEORG MEISTERMANNS
IM DOM ZU MÜNSTER

MIT FOTOS VON HANS EICK

HERDER FREIBURG · BASEL · WIEN

FÜR DR. LUDWIG KLOCKENBUSCH,
DEN VORSITZENDEN DER KUNSTKOMMISSION
IM BISTUM MÜNSTER,
UND FÜR DIE MITGLIEDER DER KUNSTKOMMISSION

INHALT

Einleitung: Entstehungsgeschichte 7
1. Lobpreis aus dem Feuer 17
2. Lobgesang durch die Geschichte hindurch 27
3. Lobgesang durch Tag und Nacht hindurch 35
4. Lobpreis mit der ganzen Schöpfung 47
5. Der Schmetterling 51
6. Daniel in der Löwengrube 57
7. Der Schlußakkord 61
8. Bild und Deutung 63

Lobgesang Daniel 3, 51–90 68

Anmerkungen 70

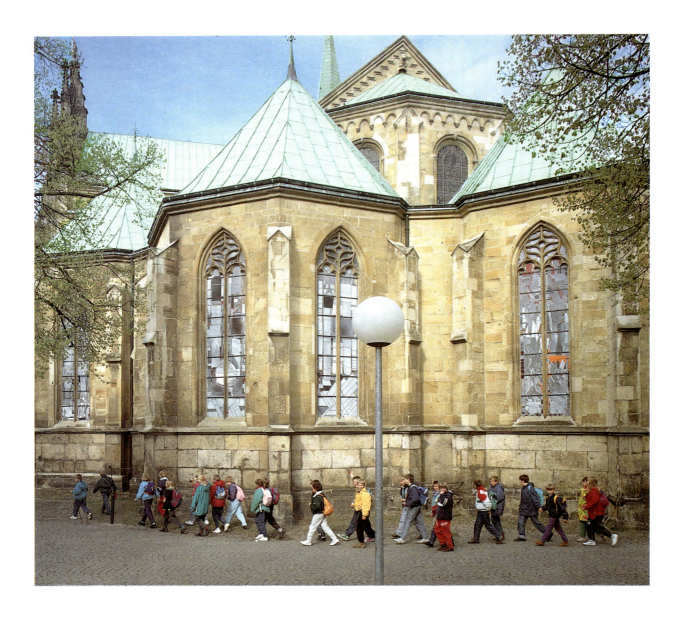

Außenansicht der Chorkapellen mit den Glasfenstern Georg Meistermanns

EINLEITUNG: ENTSTEHUNGSGESCHICHTE

Ein reizvolles Merkmal des münsterschen Domes besteht darin, daß verschiedene Kunstepochen in ihm Ausdruck gefunden haben[1]. Der romanische Grundplan weitet sich durch Elemente der Gotik. Viele Altarbilder und Epitaphe kommen aus der Renaissance und dem Barock. Die Zeit nach dem Zweiten Weltkrieg hat die Glasmalerei in der Ostapsis beigesteuert und die Fenster[2] in der Westwand, welche auch selbst Ausdruck der fünfziger Jahre ist.

Störend empfunden wurde im Dom seit langem, vor allem beim Blick vom Mittelschiff auf das Hochchor, das Gegenlicht aus den mattweiß verglasten Fenstern der Galenschen Kapellen. Diese begrenzen seit dem siebzehnten Jahrhundert den östlichen Chorumgang[3].

Es war also zunächst ein praktischer Grund, der hier zu den Überlegungen einer künstlerisch gestalteten Verglasung führte. Gesucht wurde nach einer Art Vorhang aus Glas. Er sollte eine Einheit bilden für alle vier Kapellen, auch wenn die Notwendigkeit als Lichtfilter vor allem für die mittleren Kapellen zutraf. Später wurden dann auch noch die drei Fenster des Chorumganges in die Gesamtkonzeption einbezogen.

Das Stichwort „Vorhang" hatte es Georg Meistermann sofort angetan. Bereits im ersten Gespräch am 7. August 1985 legte er in seiner wortwirksamen Art dar, wie zart dieser Vorhang sein müsse in Farben und Formen.

Vorhang aus Glas – Georg Meistermann dachte an abstrakte Formen, das Domkapitel dachte an ein theologisches Programm. Der Konflikt war da. Er ist in Worten nie vollends gelöst worden. Es blieb bei den vielen Begegnungen zwischen Domkapitel und Künstler im Laufe der eineinhalb Jahre der Planung der Fenster spannend. Die noble Gastfreundschaft Georg Meistermanns in seiner Werkstattwohnung in Schüller in der Eifel und die gemeinsamen Kaffeetafeln beim Glasmaler Hans-Bernd Gossel in Lahntal-Caldern konnten und sollten

Künstler und Auftraggeber nicht daran hindern, sich zu streiten. Zu streiten nach allen Regeln der Kunst – auch diese beherrschte Georg Meistermann beispielhaft. Concertare – zusammen streiten, mehr noch: sich zusammenraufen – mal mehr in Harmonie, mal mehr in Dissonanz, das prägte unsere Begegnungen.

Das Thema für die Fenstergestaltung war bald festgelegt: der Lobgesang im Feuer. Das Buch Daniel im Alten Testament erzählt in seinem dritten Kapitel, wie der König Nebukadnezzar ein goldenes Standbild errichten läßt. Dann befiehlt er, jeder Mensch müsse vor diesem Bild niederfallen und es anbeten, als Zeichen der Verehrung für den König und seine Götter[4]. Auf Befehlsverweigerung steht die Todesstrafe, das Verbrennen im Feuerofen.

Drei Männer werden vor den König gezerrt, weil sie sich vor dem Standbild nicht beugen. Anklagepunkt: Mißachtung des Königs. Zu ihrer Verteidigung bringen sie vor, sie achteten allein Gott und seine Gebote. Das Todesurteil wird sofort vollstreckt. Die Männer, welche die drei Verurteilten in den Ofen werfen, werden von den herausschlagenden Flammen getötet.

Die drei im Feuerofen aber bleiben unversehrt. Denn der Engel des Herrn ist mit den dreien in den Ofen gegangen, so daß die Flammen ihnen nichts anhaben können. „Da sangen die drei im Ofen wie aus einem Mund, sie rühmten und priesen Gott", heißt es im Danielbuch[5].

In kurzer Zeit hatte sich Georg Meistermann mit dieser biblischen Erzählung vertraut gemacht. Das Thema der drei Menschen, die in äußerster Bedrängnis zum Lobpreis finden, hatte ihn gepackt. Und nun packte er seinerseits zu in künstlerischem Gestalten. Bald standen wir vor den fertigen Entwürfen der ersten drei Fenster für die Josefskapelle. Der Künstler war selbst entbrannt bei der Gestaltung des Lobpreises im Feuer. Diese Fenster lassen auch den Betrachter nicht kalt.

Blick vom nördlichen Chorumgang in die Kreuzkapelle

Doch dann kam eine längere Schaffenspause. Georg Meistermann schlug vor, das Thema des Danielbuches nun ruhen zu lassen. Er habe den Wunsch des Auftraggebers erfüllt und den Lobpreis im Feuerofen gestaltet. Für die drei verbleibenden Kapellen wünsche er sich andere Themen.

Das inzwischen freundschaftliche Streiten im Sinne des Concertare begann von neuem. Das Ergebnis sind die drei Fenster in der Ludgeruskapelle: abstrakte Vorhänge mit eingearbeiteten symbolhaften Motiven, geometrisch, nüchtern, fast ein wenig unterkühlt. Nach dem Feuersturm der ersten Fenstergruppe eine neue Annäherung an die Thematik des Lobpreises: „Gepriesen bist du im Tempel deiner Herrlichkeit. Preist den Herrn, ihr Engel. Preist den Herrn, ihr Israeliten. Preist den Herrn, ihr Priester. Die Erde preise den Herrn."

In der dritten Fenstergruppe in der Kreuzkapelle werden Tag und Nacht in den Lobpreis Gottes einbezogen. „Preist den Herrn, Sonne und Mond. Preist den Herrn, Licht und Dunkel."

In einem vierten Anlauf schließlich, in der Maximuskapelle, kommt der Lobpreis aus dem Feuer zu seinem großen Schlußchor. Pflanzen und Tiere, die ganze Schöpfung, stimmen mit ein. Dankender Lobpreis der Schöpfung vor dem Schöpfer, trotz der Gefährdung, die auch hier in den Flammen unübersehbar gegenwärtig ist. „Preist den Herrn, all ihr Gewächse auf Erden. Preist den Herrn, ihr Tiere des Meeres. Preist den Herrn, ihr Vögel am Himmel."

Man kann die Fenstergruppen in den vier Kapellen wie eine Sinfonie in vier Sätzen verstehen. Jeder Satz mit eigenem Thema und eigenen Ausdrucksformen. Aber die vier Sätze bilden als Lobpreis ein Ganzes. Wollte man ihnen Überschriften geben, so könnten diese heißen:

1. Satz: Lobpreis aus dem Feuer
2. Satz: Lobpreis durch den Gang der Geschichte hindurch

Blick in Josefs- und Kreuzkapelle

Einleitung: Entstehungsgeschichte

    3. Satz: Lobpreis durch Tag und Nacht hindurch
    4. Satz: Lobpreis mit der ganzen Schöpfung.

Es bietet sich an, die Fenster in den vier Kapellen in der Reihenfolge ihrer Entstehung zu betrachten, die mit Ausnahme weniger Verse mit der Reihenfolge im Buch Daniel übereinstimmt. Im Verweilen vor den einzelnen Fenstergruppen wird sowohl die Eigenständigkeit der jeweiligen Themengestaltung wie auch die Zugehörigkeit zum Ganzen des Werkes anschaulich.

Nachdem die bildhafte Übersetzung des Lobgesangs aus dem Danielbuch vollendet war, standen wir vor der Frage: Was sollte mit den verbleibenden drei Fenstern außerhalb der Galenschen Kapellen im Chorumgang geschehen?

Georg Meistermann schlug vor, in das nördliche Fenster den Prolog des Johannesevangeliums zu schreiben. Für die beiden Fenster gegenüber der Astronomischen Uhr brachte er andere neutestamentliche Szenen ins Gespräch.

Wieder kam es zum Streit im Sinne des Concertare. Dem Domkapitel lag daran, im Hinblick auf zukünftige künstlerische Gestaltung anderer Fenstergruppen im Dom möglichst beim vorgegebenen Programm des Danielbuches zu bleiben. Der Künstler erklärte, der Lobgesang aus dem Danielbuch sei für ihn abgeschlossen. Schließlich einigten wir uns auf ein Thema aus dem Danielbuch, das verwandte Motive zum Lobpreis im Feuerofen hat: Daniel in der Löwengrube[6].

Hier ist es der König Darius, der befiehlt, man dürfe nicht an Gott Bitten richten, sondern nur an den König. Daniel betet wie gewohnt zu Gott, wird angezeigt und in die Löwengrube geworfen. Als der König am nächsten Tag nach Daniel schaut, ruft dieser aus: „Gott hat seinen Engel gesandt und den Rachen der Löwen verschlossen. Sie taten mir nichts zuleide."[7]

Die im Vergleich zum Fensterzyklus der Kapellen konkretere Bildhaftigkeit

Die Themen der Fenstergestaltung in der Reihenfolge der Entwürfe und Ausführungen:

1. Lobpreis aus dem Feuer
   (Josefskapelle)
2. Lobgesang durch die Geschichte hindurch
   (Ludgeruskapelle)
3. Lobgesang durch Tag und Nacht hindurch
   (Kreuzkapelle)
4. Lobpreis mit der ganzen Schöpfung
   (Maximuskapelle)
5. Daniel in der Löwengrube
   (Nördliches Fenster des Chorumgangs)
6. Der Schlußakkord
   (Südliches Fenster des Chorumgangs)

Grundriß vom Chor mit Chorumgang und Kapellenkranz

dieses Werkes fand bei vielen Dombesuchern schnelle Zustimmung. Nahe am Grab des „Löwen von Münster"[8] gäbe es jetzt die „Löwen von Münster". Die Anschaulichkeit dieses Fensters verstärkt bei vielen die Bereitschaft, sich auch mit dem Lobgesangzyklus intensiver zu befassen.

Es blieben noch die beiden Fenster gegenüber der Astronomischen Uhr. Vertrug diese als historisches Kunstwerk von höchstem Rang überhaupt in unmittelbarer Nähe ein künstlerisch gestaltetes Gegenüber aus der Gegenwart? Die Frage stellte sich auch hinsichtlich der Lichtverhältnisse, die sich für die Uhr durch die Verglasung der Fenster nicht wahllos verändern durften. Als Lösung brachte Georg Meistermann eine abstrakte Gestaltung ins Gespräch, die in Form und Farbe in Beziehung treten sollte zur Umgebung.

Diesmal kam es nicht mehr zu einem Besuch im Atelier in Schüller in der Eifel. Georg Meistermann starb am 16. Juni 1990. Mußte die künstlerische Gestaltung der Fenster im Chorumgang unvollendet bleiben?

Nein und ja. Bald stellte sich heraus, daß die Entwürfe im Maßstab 1:1 von Georg Meistermann fertiggestellt worden waren. Am 27. August 1990 kam es zu einem denkwürdigen Ortstermin im Dom zu Münster unter der Astronomischen Uhr. Frau Edeltrud Meistermann, der ausführende Künstler Hans-Bernd Gossel und die Auftraggeber standen vor den vollendeten Zeichnungen.

Oder waren sie doch nicht vollendet? Hätte der Künstler, wenn ihm die Zeit dazu gewährt gewesen wäre, noch verändert oder ergänzt? Vergleiche mit anderen Werken legten Vermutungen dafür nahe. Schließlich fand der Vorschlag Zustimmung, den Entwurf so auszuführen, wie er von Georg Meistermann hinterlassen worden ist. Es bleibt auch hier dem Betrachter überlassen, sich sein Bild davon zu machen.

1. LOBPREIS AUS DEM FEUER

"Feuer" – Blaise Pascals Ausruf bei seiner Bekehrung kann auch der erste Eindruck dieser Fenster sein. Ein vielfarbiges Flammenmeer schlägt dem Betrachter entgegen.

Für Pascal wird das Feuer zum Ausdruck der Gottesbegegnung wie bei Mose der brennende Dornbusch[9]. „Gott Abrahams, Gott Isaaks, Gott Jakobs", fährt Pascal fort, „nicht der Philosophen und der Gelehrten." Der Gott also, der sich in der Geschichte als wirkmächtig erweist. Der Gott, der sich hier in der Thematik der Fenster als wirkmächtig erweist in tödlicher Gefahr.

Ein außerhalb der Evangelien überliefertes Wort läßt Jesus sagen: „Wer mir nahe ist, ist dem Feuer nahe."[10] Heißt das, daß Gott wie Feuer sein kann? Daß er wärmend und erhellend sein kann wie Feuer, aber auch verzehrend und umschmelzend wie Feuer?[11] Darf man das Jesus zugeschriebene Wort auch umkehren: Wer dem Feuer nahe ist, der ist Gott nahe? Wer wirklich entbrannt ist, sich verzehren läßt, glüht, der hat es mit Gott zu tun?

Die Feuerfenster und ihre biblische Thematik legen solches Fragen nahe. Hier ist das Feuer zunächst feindlich, geschürt von einem mordlüsternen Despoten. Aber längst bevor das Feuer den drei Menschen zusetzen kann, sind diese selbst entbrannt für Gott. In so glühender Hingabe sind die drei Gott zugewandt, daß sie auch im Feuerofen nicht allein sind. Auch in dieser äußersten Bedrohung erweist sich ihr Gott als mitgehender Gott, als der, der da ist[12].

Er ist da in der Gestalt des Engels. Der Engel des Herrn war mit den dreien hinabgestiegen in die Glut, sagt der biblische Text. Hier im mittleren Fenster scheint der Engel eher noch aus der Glut hervorzuwachsen. Dort, wo die Bedrohung am größten, wo in Farbenvielfalt und Formendickicht der Kern der Glut angezeigt ist, steigt um so strahlender der Lichtbote Gottes auf.

Fenster der Josefskapelle: Lobpreis aus dem Feuer

1. Lobpreis aus dem Feuer

Dieses Feuer ist beides: chaotische Bedrohung, wenn der Engel Gottes nicht wahrgenommen wird, und Herrlichkeitsglanz Gottes, wenn der Bote Gottes[13] dem Feuer die Schreckensgewalt nimmt.

Die Gestalt des Engels ist weiß ausgespart. Wo nicht Farbenvielfalt ist und nicht Formenreichtum, wo der weiße Fleck auf der Landkarte unserer Plausibilitäten nicht ausgefüllt werden kann, wo menschliche Erfahrung nicht hinreicht, ist da der Bereich Gottes? Ist Gott der, der nicht all das ist, was wir uns vorstellen können in Farben und Formen? Muß deshalb der Raum seiner Nähe ausgespart bleiben? Und entspricht dem ausgesparten Bild die ausgesparte Zeit für Gott, die Nicht-Arbeit, die Nicht-Ruhe, die Nicht-Vergnügen ist, auf daß Gott Ausdruck finden kann nicht nur im Bild, sondern auch in meiner Zeit?

Aber droht dann Gott nicht allzuleicht ein Nichts zu werden, ein Niemand, ein Abwesender? Zwei Bildsignale bannen diese Gefahr: Hand und Flügel des Engels, des Boten Gottes.

„Seht, die Hand des Herrn ist nicht zu kurz, um zu helfen", ruft der Prophet Jesaja aus (Jes 59,1). In Gottes Vollmacht legt sich die Hand des Engels wie ein übergroßes Werkzeug auf das Feuer, hält es nieder und macht es unschädlich. Gott behält die Oberhand auch angesichts der Feuersglut. Gott ist ein Handelnder, auch und gerade in äußerster Bedrängnis.

Und dann die Flügel des Engels. Sie machen deutlich, daß er nicht im Feuer versinken wird. Daß er einer Sphäre angehört, der die Elemente nichts anhaben können. Daß der Macht des Feuers die größere Macht gegenübersteht: nämlich die Macht dessen, der mich birgt, „im Schatten seiner Flügel"[14].

Von den drei Menschen, die im Feuer verbrannt werden sollen, sagt die Bibel: Sie priesen Gott. Lobpreis und Lebensgefahr – wie läßt sich das miteinander vereinbaren?

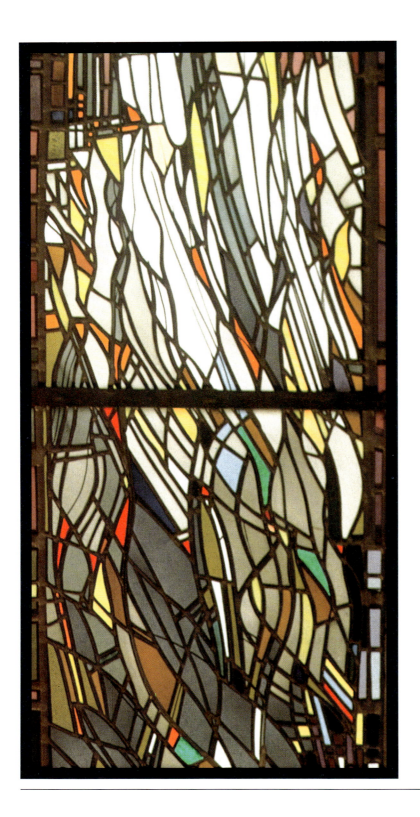

1. Lobpreis aus dem Feuer

Wird im mittleren Fenster äußerste Spannung erreicht durch die Konfrontation zwischen dem lichten Boten Gottes und den prasselnden Feuersgluten, so setzt diese Spannung sich in den Seitenfenstern in ganz anderer Art fort.

Die zwei Menschen im linken Fenster und der eine im rechten Fenster scheinen selbst schon ein Teil des Feuers zu sein, so sehr, daß sie auf den ersten Blick von den Flammen kaum zu unterscheiden sind.

Sind die drei hier selbst Brennende geworden im Sinne des Jesuswortes: „Feuer auf die Erde zu werfen bin ich gekommen, und wie froh wäre ich, es würde schon brennen" (Lk 12,49)?

Können sie als für Gott Entbrannte vom Feuer des Pharao nicht mehr angesteckt werden? Ist es deshalb möglich, daß der eine im rechten Fenster mitten im Feuer stehen kann wie ein Beter an seinem Pult? Können deshalb die beiden anderen im linken Fenster preisend die Hände erheben, obwohl die Flammen an ihnen bereits hochzüngeln?

Das macht die Spannung der beiden seitlichen Fenster aus: daß die drei selbst Feuer und Flamme geworden sind für Gott, ausgedrückt in der Haltung des Lobpreises, und deshalb unangreifbar sind für die Feuerflammen des Königs.

Auf die drei im Feuer trifft zu, was Johannes vom Kreuz in einem Gedicht ausdrückt:

O gern ertragenes Brennen!
O innig empfundene Wunde!
O milde Hand, o zartestes Berühren,
so nah dem letzten Erkennen,
mit aller Vergebung im Bunde:
wie tödlich kannst du Tod zum Leben führen![15]

1. Lobpreis aus dem Feuer

Kann ich mich in diesen drei Menschen im Feuer wiederfinden? Haben sie etwas zu tun mit der Wirklichkeit meines Lebens?

Ich denke an Situationen, in denen ich wie ein gebranntes Kind bin, mit der Erfahrung von Schmerz und Verlust. Versinke ich dann darin, wenn ich mit meiner Kraft, mit meinen Möglichkeiten am Ende bin? Schließt meine Ohnmacht alle Türen zu, so daß ich auf mich selbst zurückgeworfen bin? Oder finde ich auch dann noch einen Schlüssel zur Wirkkraft Gottes, die alle meine Möglichkeiten übersteigt?

Der Lobpreis ist der Schlüssel zur Wirkkraft Gottes. Im Lobpreis will ich nichts mehr von Gott. Im Lobpreis stimme ich der Wirklichkeit zu, daß Gott Gott ist. Vielleicht ist deshalb der Lobpreis die reifste Form des Betens, weil er am meisten Gott im Blick hat und am wenigsten die eigene Befindlichkeit, und gerade so diese loslassen und verwandeln lassen kann.

Im Anschauen dieser Bilder des Lobpreises inmitten des Feuers kann in mir die Frage aufkommen: Wie steht es mit mir und mit meinem ganz persönlichen Lobpreis Gottes?

Zugleich tut es gut, weiter zu fragen, mit welchen Menschen gemeinsam ich Gott loben kann, damit auch mein Lobpreis die Kraft der Gemeinschaft erfährt wie bei den drei Menschen hier.

Vielleicht führt solches Fragen erst dann zu letztgültigen Antworten, wenn ich in vergleichbarer Bedrohung bin wie die drei im Feuer. Aber damit solches Fragen und Antworten überhaupt gelingen kann, verweile ich vor diesen Fenstern: mit dem Blick auf das Feuer, auf die drei und auf den Engel als Zeichen der Gegenwart Gottes. Dessen Verheißung gilt auch heute: „Wenn du durchs Feuer gehst, wird es dir nicht schaden" (Jes 43, 2). Jedenfalls dann nicht, wenn du für mich durchs Feuer gehst. Und mit mir.

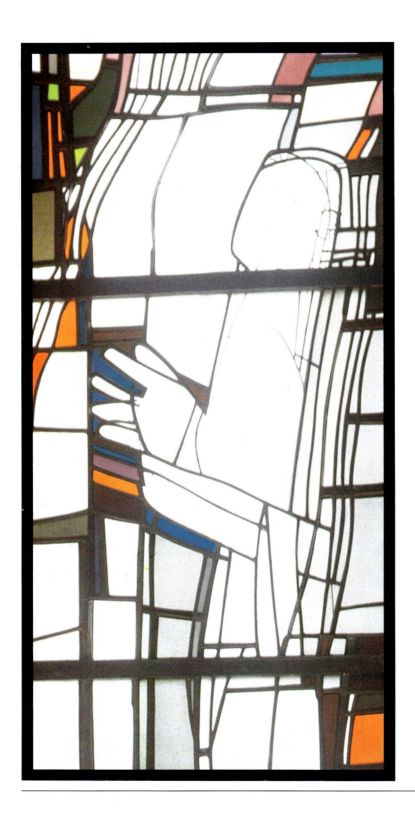

1. Lobpreis aus dem Feuer

Für alles, was mich schmerzt, kann dieses Feuer zum Bild werden: meine brennenden Fragen im Bereich des Glaubens, der Weltpolitik, der Gerechtigkeit, der Umwelt. Mein brennender Durst nach Leben, das wirklich diesen Namen verdient. Meine brennenden Wunden, verursacht durch Enttäuschung, Versagen, Krankheit, Angst.

In dieser Kapelle mit den Feuerfenstern ist Platz für all das vielerlei Brennende in mir und in der Welt.

Um es zu bedenken.

Um es in mir zu ordnen.

Vor allem aber, um mich dafür bereitzuhalten, daß das Unmögliche Wirklichkeit werden kann: daß aus all dem der Lobpreis Gottes freigesetzt werden kann wie aus einem Stein das Feuer. Von den Feuerbildern her kann der Funke auf mich überspringen:

Lobe den Herrn, Frost und Hitze – auch das Frostige und Hitzige in mir.

Lobe den Herrn, Sorge und Angst in mir, Enttäuschung und Versagen in mir.

In solchem Lobpreis Gottes bringe ich meine höchste Form der Freiheit ins Spiel: die Bejahung Gottes um seiner selbst willen.

Im Praktizieren dieser Freiheit werde ich frei.

Einer der drei Beter im Feuer. Aus dem rechten Fenster der Josefskapelle

2. LOBGESANG DURCH DIE GESCHICHTE HINDURCH

Wendet man sich vom Feuersturm der Fenster in der Josefskapelle nach rechts zur Ludgeruskapelle, so lassen Farben und Formen die Frage aufkommen: Ist das Feuer erloschen? Statt Dramatik grauer Alltag? Die Formen sind ruhiger in ihrer geometrischen Wiederholung. Farblich dominieren Weiß und Grau. Hier zeigt sich die Preisung Gottes in Alltäglichkeit. Mehr nüchterne Treue als spontane Begeisterung.

Gott selbst ist im mittleren Fenster hoch oben nur noch angedeutet durch den Jahwe-Namen. Hat er noch etwas zu tun mit der Welt, symbolisiert im Globus? Hat er noch etwas zu tun mit der Kirche, symbolisiert im Bischof?

Jedenfalls ist der, der sich als Jahwe, als der „Ich-bin-da" offenbart hat, deutlich abzulesen. Zugleich deutet sich aber auch die Gefahr an, daß Gott für Welt und Kirche nur noch Buchstabe ist, weit weg vom Leben.

Mit Leben erfüllt wird die Beziehung von Welt und Kirche zu Gott durch den Lobpreis, um den es auch hier geht: „Preist den Herrn, ihr Menschen." Solcher Lobpreis ist Antwort auf die Selbstoffenbarung Gottes. Der „Ich-bin-da" findet Widerhall in den Herzen derer, die ihn preisen. Der „Ich-bin-da" gehört zum Leben derer, die sein Lob singen.

Die Verbindung zwischen Gott einerseits und Welt und Kirche andererseits wird in der Preisung Gottes lebendig und erfahrbar. Anschaulich wird diese Verbindung in dem farbigen Strang in der Mitte des Fensters, der vom Jahwe-Namen bis zu Welt und Kirche reicht. Im linken zweitobersten Feld weitet sich diese Verbindung aus zu kostbaren Formen und Farben. Wird darin anfanghaft sichtbar, worauf der Lobpreis letztlich zielt, daß nämlich Himmel und Erde erfüllt sind von seiner Herrlichkeit?

Die Kirche hat den Auftrag, dafür Sorge zu tragen, daß der Lobpreis Gottes nicht verstummt. „Wo der Bischof ist, da soll auch die Gemeinde sein."[16]

2. Lobgesang durch die Geschichte hindurch

Die Bischofsgestalt steht stellvertretend für die vielen Frauen und Männer, die im Stundengebet der Kirche dafür einstehen, daß der Strom der Preisung Gottes im Laufe der Geschichte nicht zu einem Rinnsal wird oder gar verebbt.

Dieser Gemeinschaftscharakter des preisenden Gottesvolkes findet im linken Fenster Ausdruck in der Darstellung des Gotteshauses. Ist es eine Synagoge oder eine Kirche? Oder sollen Kirche und Synagoge zugleich gemeint sein, weil die Kirche den Kern ihres Gebetsschatzes aus den Psalmen Israels nimmt?

Das Zeichen des alttestamentlichen Gottesvolkes, der Stern als Andeutung des Davidssferns, ist im oberen rechten Feld zu erkennen. Die Preisung des neutestamentlichen Gottesvolkes hat ihre Wurzeln in der Preisung Israels, des alttestamentlichen Gottesvolkes. Der Stern ist Symbol Israels und zugleich Symbol dessen, der das neue Israel heraufgeführt hat, Jesus. Er sagt von sich selbst im letzten Buch der Bibel: „Ich bin die Wurzel und der Stamm Davids, der strahlende Morgenstern" (Offb 22,16). Das Gotteslob der Kirche kommt an sein Ziel, wenn der Tag des Herrn anbricht und Christus, der Morgenstern, nicht mehr ein Gegenüber ist, sondern aufgeht in den Herzen der Menschen[17].

Gebetshaus und Stern sind die einzigen bildhaften Zeichen in diesem linken Fenster. Es ist zusammen mit dem auf der rechten Seite das farbloseste von allen. Die strengen quadratischen und dreieckigen Formen vor allem im unteren Drittel und die wie Vorhänge herunterfließenden Teile können Ausdruck sein für Alltag, Eintönigkeit, Verborgenheit. Sie weisen darauf hin, daß auch dann, wenn nichts Herausragendes zu benennen ist, der Lobpreis seinen Ort hat. Denn entscheidender Grund für die Preisung sind nicht meine erlebten besonderen Ereignisse. Letzter Grund für die Preisung ist, daß Gott Gott ist. Das gibt noch dem grauesten Alltag einen nicht auslotbaren Geheimnischarakter. Ob dieser in der Tiefe des Raumes rechts und links der Mittelachse angedeutet ist?

Gebetshaus und Stern. Aus dem linken Fenster der Ludgeruskapelle

2. Lobgesang durch die Geschichte hindurch

Das rechte Fenster entspricht in seinem Aufbau dem linken. Drei Bildzeichen sind hier zu erkennen. Oben links Auge, Krone und Thronsitz Gottes. Auch in der Strenge und Nüchternheit des Alltags, für den auch hier die geometrischen farblosen Felder stehen, ereignet sich der Lobpreis „vor dem Antlitz des Gottes Jakobs" (Ps 114,7). Dieser Jakob ist es, der in einer nächtlichen Vision Engel Gottes zwischen Himmel und Erde niedersteigen und aufsteigen sieht (Gen 28,10 ff.). Die Engel in den drei rechten oberen Feldern stimmen mit ein in den Lobpreis der Kirche: „Preist den Herrn, ihr Engel des Herrn." Wir loben Gott mit allen Engeln und Heiligen. Unser Lobpreis auf Erden findet seine Entsprechung in der himmlischen Liturgie. Im Lobpreis Gottes ist der Himmel offen. Unter den Engeln ist etwas angedeutet wie ein geöffnetes Fenster. Ist es das offene Fenster in Richtung Jerusalem, von dem das Danielbuch erzählt? Als Daniel durch die Soldaten Nebukadnezzars von Jerusalem an den Hof des heidnischen Königs verschleppt worden war, da blieb er dem Gott Israels treu. Dreimal täglich sprach er am offenen Fenster nach Jerusalem hin den Lobpreis Gottes. In der Fremde wendet sich Daniel der Heimat zu. Preisung Gottes ist wie ein Innehalten in der Fremde und sich der Heimat zuwenden[18].

Vor diesen Fenstern hat der alltägliche Lobpreis seinen Ort. Es ist zugleich Anregung, daß ich den Dienst der Kirche mittrage, den Lobpreis Gottes nicht verstummen zu lassen. Solcher Lobpreis öffnet Fenster und baut Leitern auf alles Unsichtbare hin, das in den täglichen Pflichten und Zerstreuungen leicht in Vergessenheit gerät. Solcher Lobpreis öffnet Fenster und baut Leitern auf den Unsichtbaren hin, durch den auch der graue Alltag voll Sinn ist.

Ich will Gott loben mit der Kirche auf dem Weg durch die Zeit. Ich will Gott loben in meinem grauen Alltag. Denn Gott ist der, der da ist, der mir zugewandt ist, jeden Tag neu. Darauf antworte ich in der alltäglichen Preisung.

*Fenster der Kreuzkapelle:
Lobgesang durch Tag
und Nacht hindurch*

3. LOBGESANG DURCH TAG UND NACHT HINDURCH

„Nichts Schönres unter der Sonne als unter der Sonne zu sein." Das Wort Ingeborg Bachmanns[19] paßt gut zu der Sonne, die Georg Meistermann im linken Teil des mittleren Fensters der Kreuzkapelle geschaffen hat. Es ist eine Sonne, die dem Tag in all seiner Farbigkeit Glanz verleiht bis in die beiden Fenster zur Linken hin. Eine Sonne, die aber mit Hilfe des Mondes auch die Nacht in vielfältige Farbschattierungen taucht in der rechten Hälfte des Mittelfensters und in den zwei weiteren Fenstern nach rechts hin.

„Preist den Herrn, Sonne und Mond", heißt es im Lobgesang. Und: „Preist den Herrn, ihr Nächte und Tage." Der Lobpreis des Hellen, Farbenfrohen und Fruchtbaren ist in der linken Hälfte der Fenster dargestellt. Der Lobpreis des Dunklen, Verschatteten und Unheimlichen in der rechten Hälfte der Fenster.

Der Sonne, welche die Herrschaft über den Tag hat (vgl. Gen 1,16), sind Sonnenblume, Ähre und Taubenpaar zugeordnet.

Die Sonnenblume verdankt ihren Namen der Sonne, deren Abbild sie ist. Sie steht für alles Strahlende in meinem Leben, das ich gerne ansehe und sehen lasse. Im Anschauen der Sonnenblume können mir die Sonnenseiten meines Daseins bewußt werden. Ich kann sie benennen, nicht um selbst damit glänzen zu wollen, vielmehr um sie in den Lichtglanz Gottes zu stellen, indem ich sie in sein Lob mit einfließen lasse.

Für alle Fruchtbarkeit meines Daseins steht die Ähre. Wenn man den Menschen an seinen Früchten erkennt (vgl. Mt 7,20), welche Früchte kann ich in den Lobpreis Gottes einbringen? Welche Früchte muß ich oder möchte ich hervorbringen, um die Preisung Gottes voller erschallen lassen zu können?

Das Taubenpaar ist Symbol für Begegnung. Welche menschlichen Beziehungen will ich in das Lob Gottes einbringen? Welche Menschen, mit denen ich Gemeinschaft habe oder Gemeinschaft suche, sind für mich Anlaß zur Preisung

Sonne. Aus dem mittleren Fenster der Kreuzkapelle

Tag. Aus dem ersten linkem Fenster der Kreuzkapelle

Gottes? Wie will ich anderen begegnen, damit mein Verhalten zum Lobpreis Gottes beitragen kann?

Oberhalb von Ähre und Taubenpaar ergießt sich eine Vielzahl von Farbformen wie Klangkaskaden etwa in der Musik Olivier Messiaens. Aber die Fülle erdrückt nicht, ufert nicht aus. Sie ist gebändigt und kann sich gerade so entfalten.

Kann das ein Hinweis sein für die Früchte, die ich hervorzubringen habe: daß auch diese sich nur in der Begrenzung entfalten können? Und auch für meine Begegnungen: daß sie nur gebändigt die Fülle hervortreten lassen?

Unterhalb von Ähre und Taubenpaar ist das Feuer wieder da. Es sind nur einige stilisierte Flammen. Aber von ihnen scheinen sowohl Ähre wie auch Taubenpaar getragen. Frucht wie Begegnung ergeben sich nicht ohne Anfechtung. Beide muß ich auch „leiden können". Daran können die Flammen erinnern.

Die Flammen setzen sich fort nach links in das äußerste Tagfenster hinein. Die Vielfalt der Farben und Formen hat sich hier verringert. Nicht jeder Tag ist ein strahlender Sonnentag. Die Felder, in denen in den Nachbarfenstern die Bilder von Tauben, Ähre und Sonnenblume stehen, sind hier ausgespart. Vielleicht, damit ich hier Frucht und Begegnungen dieses Tages eintrage? So können auch sie in den Lobpreis mit einfließen.

Die rechte Fensterhälfte wird von der Nacht beherrscht. Der Sonne und dem Tag am nächsten steht der zunehmende Mond. Unter ihm im Schatten hockt der Nachtvogel, die Eule. Sie symbolisiert Weisheit und Wachen. Wenn ich weise und wachsam mit den Nachtseiten meines Lebens umgehe, dann können auch sie zum Lobpreis werden. Angst und Trauer und Schuld sind solche Nachtseiten. Vor diesem Fenster kann ich sie anschauen. Nicht um darüber ins

Sonnenblume und Eule. Aus dem mittleren Fenster der Kreuzkapelle

Grübeln zu kommen, sondern um sie loszulassen, auf den gebenden und vergebenden Gott hin, dem die Preisung gilt.

Das nächste Fenster nach rechts hin gehört nun ganz der Nacht. Vollmond und abnehmender Mond erhellen den gestirnten Himmel. In seinen Farben zeigen sich Schönheit wie auch Gefährdung der Nacht.

Beides, Schönheit und Gefährdung, findet Ausdruck auch im Symbol des Schmetterlings unter dem Vollmond. In der griechischen Sprache ist die Bezeichnung für Schmetterling zugleich auch die Bezeichnung für Seele. In der Entwicklung des Schmetterlings von der Raupe zur leblos erscheinenden Puppe bis zum schwebenden Falter in Licht und Luft wurde in ganz unterschiedlichen Kulturkreisen ein Gleichnis für die Seele des Menschen gesehen.

Sowohl bei den Kirchenvätern wie auch in der spanischen Mystik wird das Bild vom Schmetterling aufgegriffen zur Erläuterung der Auferstehung. Die Verwandlung von der Raupe zum Schmetterling wird geschildert mit dem abschließenden Hinweis: „Erkennet darin einen deutlichen Fingerzeig auf die Auferstehung, und zweifelt nicht an der Verwandlung, die Paulus allen verkündigt."[20] Das Motiv der Verwandlung der Seele im Bild des Schmetterlings findet sich auch in den folgenden Gedichtzeilen von Nelly Sachs[21]:

ABRAHAM
...
O du
aus dessen ahnendem Blut
sich das Schmetterlingswort *Seele* entpuppte,
der aufliegende Wegweiser ins Ungesicherte hin –
...

O Abraham,
die Uhren aller Zeiten,
die sonnen- und monddurchleuchteten
hast du auf Ewigkeit gestellt –

Wie ungesichert mein Leben ist, wenn die Uhren auf Ewigkeit gestellt sind, macht der Totenkopf neben dem Schmetterling deutlich. Wie groß die Gefährdung ist, zeigen die stilisierten Flammen im untersten Fensterabschnitt, welche den Schmetterling anziehen und ihn zugleich vernichten können.

Schmetterling und Totenkopf sind unübersehbare Hinweise, mich mit meiner endgültigen Zukunft auseinanderzusetzen im Licht des Glaubens. Also nicht, um mich von Todesgedanken niederdrücken zu lassen. Im Gegenteil. Wer die Nacht seines eigenen Todes nicht anschaut, der weiß auch mit seinem Tag immer zu wenig anzufangen. Wer aber nicht die Augen verschließt vor all seinen Dunkelheiten, auch vor der letzten Dunkelheit des eigenen Todes nicht, wird auch sie mit einbringen in den Lobpreis Gottes, für den die Dunkelheit nicht dunkel ist und für den die Nacht leuchtet wie der Tag (vgl. Ps 139,11f.).

Der Totenkopf ist ein deutliches Signal für die Unabänderlichkeit des Sterbens. Der Schmetterling will ein ebenso deutlicher Hinweis auf die Verwandlung sein, die sich im Tod ereignet. Paulus sagt: „Wir werden verwandelt. Denn dieses Vergängliche muß sich mit Unvergänglichkeit bekleiden und dieses Sterbliche mit Unsterblichkeit" (1 Kor 15,52f.).

Die drei Mondphasen in den Nachtfenstern, der zunehmende Mond, der Vollmond und der abnehmende Mond, sind Bilder der Verwandlung. In der wechselvollen Gestalt des Mondes erkannte der Mensch der Antike seine eigenen Wandlungsprozesse.

3. Lobgesang durch Tag und Nacht hindurch

Wer um den Stand des Mondes nicht weiß, der weiß auch nicht um Werden und Vergehen. Zunehmender und abnehmender Mond sind Anfragen an die Lebensphasen des Menschen: Wie sieht es mit meinem Lebensrhythmus aus? Wo gibt es bei mir Wachstumsphasen und wo Phasen des Rückgangs? Welche Phasen des Werdens und des Vergehens kann ich bei mir entdecken, sind bei mir jetzt angezeigt? Das „Stirb und werde!" in Goethes Gedicht[22] findet in den Mondphasen seine bildhafte Entsprechung.

Bei den Kirchenvätern sind die Mondphasen Gleichnis für die Auferstehung: „Wenn du aber ein noch wundervolleres Schauspiel sehen willst, das zum Beweis der Auferstehung geschieht, nicht bloß auf Erden hier, sondern am Himmel, so betrachte die Auferstehung des Mondes, die allmonatlich eintritt: wie er abnimmt, verschwindet und wieder aufersteht."[23]

Für Paulus ist das „Stirb und werde" ganz an die Gemeinschaft mit Jesus Christus gebunden: „Immer tragen wir das Todesleiden Jesu an unserem Leib, damit auch das Leben Jesu an unserem Leib sichtbar wird … Wenn auch unser äußerer Mensch aufgerieben wird, der innere wird Tag für Tag erneuert" (2 Kor 4,10.16).

Im äußersten Nachtfenster herrscht geballte Dunkelheit. Sie ist nicht näher zu bestimmen. Es ist das Dunkel, das sich schwer auf die Seele legen kann, ohne daß sein Grund und seine Grenzen auszumachen wären. Auf diese Finsternis prallen die Feuerflammen mit solcher Wucht, daß schwer zu entscheiden ist, ob das Dunkel oder das Feuer die größere Bedrohung darstellt.

Vor diesem Fenster kann ich meine diffusen Nachtseiten anschauen, an die mein Verstand nicht herankommt, und auch die diffusen Nachtseiten unserer Welt. Wie weit auch diese für mich in den Lobpreis Gottes mit einfließen können, wird davon abhängen, wie weit ich diese Nachtseiten in Verbindung bringen

kann mit der Osternacht, von der es in der Liturgie heißt: „O wahrhaft selige Nacht, von der geschrieben steht: Die Nacht wird hell wie der Tag, wie strahlendes Licht wird die Nacht mich umgeben. Der Glanz dieser Nacht nimmt den Frevel hinweg, gibt den Sündern Unschuld, den Trauernden Freude" Lobgesang der Osternacht).

Vor diesen Tag- und Nachtfenstern kann ich meine Tage und Nächte bedenken, meine Tag- und Nachtseiten, mein Werden und Vergehen anschauen, und ich kann meinem Glauben Raum geben an den ewigen Tag Gottes, der keine Nacht mehr kennt.

Dann können meine Tag- und Nachterfahrungen zum Lobpreis werden auf den hin, der Tage und Nächte meines Lebens, Tage und Nächte der Welt in seinen guten Händen hält.

4. LOBPREIS MIT DER GANZEN SCHÖPFUNG

Wir sind es gewohnt, von der Natur als Umwelt zu sprechen. Umwelt – das ist eine verräterische Bezeichnung. Nimmt man ihre Bedeutung beim Wort, so beschreibt sie etwas im weiteren Sinne Dazugehöriges wie Umgebung oder Umfeld. Oder etwas eher Überflüssiges oder Lästiges wie Umweg oder umständlich. Nachdem uns die Natur zur Umwelt verkommen war, wurde der Umweltschutz zum notwendigen Hauptwort.

In den Fenstern der Maximuskapelle ist die Natur wieder in den Rang der Schöpfung erhoben. Im obersten Teil des mittleren Fensters geht sie hervor aus den Schöpferhänden Gottes. Die Hand Gottes gibt die Schöpfung frei. Die Schöpfung ist emanzipiert[24], das heißt im Wortsinn: aus der Hand Gottes entlassen, so daß ihre Herkunft nicht verleugnet und zugleich ihre Eigenständigkeit anerkannt wird. So erhält die Schöpfung als Werk Gottes ihren hohen Rang, ohne der Vergötzung anheimzufallen. Dafür ist die Hand Gottes ganz oben in jeder der beiden mittleren Fensterbahnen ein wichtiges Signal.

Wer das Blatt einer Buche und darunter die stilisierten Blumen und Pflanzen in der linken Fensterhälfte oder das Blatt einer Eiche und darunter die Kornblumen und Pilze in der rechten Fensterhälfte in Verbindung mit Gottes Schöpferhand wahrnimmt, der wird ehrfürchtig mit ihnen umgehen. Denn auch sie wie ihre Geschwister in den vielerlei Arten sind unverzichtbarer Bestandteil der Preisung Gottes.

Aber auch dieser Lobpreis ist nicht ohne Bedrohung. Die Feuerflammen am unteren Bildrand weisen darauf hin. Dieses Feuer der Zerstörung wird von jedem neu geschürt, der sich so verhält, als seien die Pflanzen, Blumen und Bäume der willkürlichen Ausnutzung des Menschen preisgegeben.

Im linken Schöpfungsfenster weitet sich der Chor der Schöpfung aus durch – von oben – zwei Vögel in ihrem Flug, durch eine Fledermaus, Platanenblatt und

Gottes Schöpferhände. Aus dem mittleren Fenster der Maximuskapelle

Kastanienblatt, durch die Biene über einer Wasserlilie und durch den blühenden Fingerhut. Die Flammen unten links mögen ein Hinweis dafür sein, daß auch die vom Menschen pfleglich behandelte Schöpfung ihre Gefahren hat, daß der Fingerhut nicht nur Heilkraft bereithält, sondern auch tödliches Gift. Daß die Biene nicht nur Honig spendet, sondern auch sticht.

Das rechte Schöpfungsfenster läßt weitere Vögel in das Lob einstimmen, dazu Blätter, Weinlaub und Meerestiere; erkennbar sind der Seestern und Fische.

Das Feuer hält wie in dem linken Fenster nur noch die äußere untere Fläche besetzt. Die innere untere Fläche hat zwar auch noch feuerartige Formen. Bahnt sich im linken inneren Fenster aber schon ein Übergang an, so ist dieser im rechten inneren Fenster vollzogen. Aus den Feuerformen sind Fische geworden.

Ob das ein Hinweis dafür sein kann, daß das zerstörende Feuer schließlich doch vielfältigem Leben weicht? Daß letztendlich nicht die Vernichtung sich durchsetzt, sondern die Vollendung der Schöpfung? Daß am Ende der Geschichte des Lebens nicht der Tod steht, sondern der neue Himmel und die neue Erde, wo Gott selbst unter den Menschen wohnt (vgl. Offb 21, 1. 3)?

Vor diesen Fenstern kann ich meine Einstellung zur Schöpfung überdenken. Ob sie so ist, daß sie zum Lobpreis Gottes beiträgt. Hier kann ich mir aber auch meiner Freude über die Schöpfung neu bewußt werden. Denn die Schöpfung ist ja nicht nur und nicht zuerst ein Problem. In allen drei Fenstern sind wunderbare Farbkompositionen zu entdecken. Sie sind Zeichen der Schönheit von Schöpfung. Schönheit ruft Begeisterung, Dankbarkeit und Zuneigung hervor.

Mit solchem Schöpfungsbewußtsein erweise ich dem Umweltbewußtsein den besten Dienst: „Preist den Herrn, all ihr Gewächse auf Erden. Preist den Herrn, ihr Tiere des Meeres. Preist den Herrn, all ihr Vögel am Himmel."

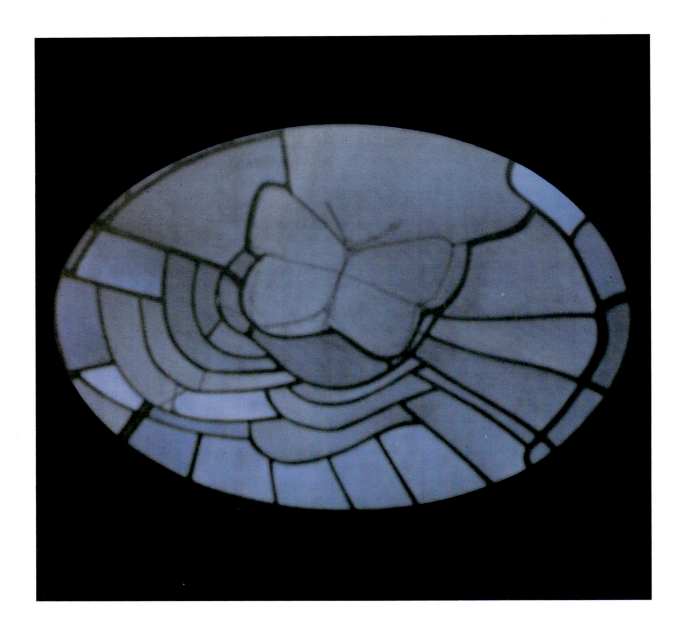

Schmetterling. Südfenster der Maximuskapelle

5. DER SCHMETTERLING

In einem kleinen Südfenster der Maximuskapelle taucht noch einmal der Schmetterling auf, hoch im blau-violetten Himmel fliegend. Schmetterling und Seele sind in der griechischen Sprache durch dasselbe Wort verbunden. Die Entwicklung von der Raupe zum Schmetterling wurde auch als Bild gesehen für die „Entwicklung" des Menschen in seinem Sterben[25]. Der Schmetterling ist Zeichen der Auferstehungshoffnung. Zeichen der Verwandlung des Menschen, irdisches Bild für eine überirdische Wirklichkeit. Ein Gedicht von Nelly Sachs[26] kann den Symbolcharakter des Schmetterlings nahebringen:

> WELCH schönes Jenseits
> ist in deinen Staub gemalt.
> Durch den Flammenkern der Erde,
> durch ihre steinerne Schale
> wurdest du gereicht,
> Abschiedswebe in der Vergänglichkeiten Maß.
>
> Schmetterling
> aller Wesen gute Nacht!
> Die Gewichte von Leben und Tod
> senken sich mit deinen Flügeln
> auf die Rose nieder,
> die mit dem heimwärts reifenden Licht welkt.
>
> Welch schönes Jenseits
> ist in deinen Staub gemalt.
> Welch Königszeichen
> im Geheimnis der Luft.

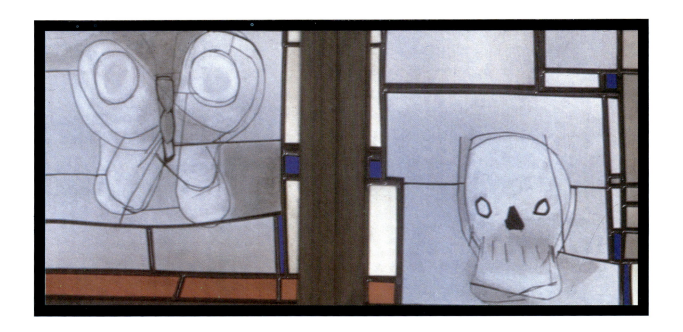

Schmetterling und Totenkopf. Aus dem ersten rechten Fenster der Kreuzkapelle

5. Der Schmetterling

Jenseits und Staub, zwei Worte mit dunkler, drückender Bedeutung werden im Bild des Schmetterlings durch zwei farbige Bezeichnungen – schön, gemalt – in der Schwebe gehalten zwischen hell und dunkel. Wie ein Geschenk von weit her ist diese Zeichenhaftigkeit des Schmetterlings. Aber eben doch Hinweis auf Abschied, auf etwas, das leicht zerreißen kann. Wie ein Wegweiser ist das Symbol des Schmetterlings, welches nicht das Ziel ist, sondern auf das Ziel aufmerksam macht, selbst ganz dem Weg zugehörig.

Der Weg führt in die Nacht (2. Strophe). Aber es wird eine gute Nacht. Das Symbol des Schmetterlings gibt dem Leben seine Bedeutung und auch dem Tod. Es weist hin auf Verwelken, auf Ende. Aber das Ende ist das Ende eines Weges, der nach Hause führt. Das Verwelken gibt den Raum frei für die Frucht.

Noch einmal (3. Strophe) die Balance zwischen „Jenseits und Staub" einerseits und „schön und gemalt" andererseits. Bleibt der Hinweis, welcher der Schmetterling sein soll, in der Schwebe, unentschieden zwischen hell und dunkel? Nein, die „Abschiedswebe" wird zum Königszeichen, auch wenn das Ziel seines Weges, den er im Flug einschlägt, ein Geheimnis bleibt.

Einen anderen Zugang zum Symbol des Schmetterlings eröffnet Teresa von Ávila. Für sie ereignet sich der entscheidende Wandlungsvorgang des Menschen nicht erst im leiblichen Tod, sondern bereits im irdischen Leben. Und zwar dann, wenn sich der Mensch mit ganzer Bereitschaft Gott zuwendet.

Der Mensch, der den Weg des Lebens mit Gott betritt, gleicht der Raupe. Sie muß gefüttert werden mit guter geistlicher Nahrung. Hat sich die Raupe entwickelt, kann sie sich einspinnen. Das ist wie ein Sterbevorgang. Teresa sagt: „Man baut sich ein Haus zum Sterben. Dieses Haus müssen wir als Christus erkennen. Ich habe irgendwo gelesen oder gehört, daß unser Leben in Christus verborgen ist und daß wir sterben müssen, damit Christus in uns lebe."

5. Der Schmetterling

Und dann ruft Teresa ihre Mitschwestern auf, alles sterben zu lassen, was an Eigenliebe und Eigensinn in ihnen ist, alles, was sie an das Irdische bindet: „Sterbe, ja sterbe doch diese Seidenraupe, denn damit erfüllt sie, wozu sie geschaffen wurde. Dann werdet ihr Gott schauen und ganz eingehüllt sein in Seine Größe, wie die Raupe in ihrer Puppe..."

Teresa verfolgt dann weiter den Weg der Raupe: „Betrachten wir also, was aus der Raupe wird, wenn aus ihr, ganz in Gebet versenkt und der Welt abgestorben, ein weißer Schmetterling hervorgeht. O Größe Gottes, wie herrlich geht eine Seele schon aus solcher kurzen Versenkung in Gott hervor, die nach meiner Erfahrung nie länger als eine halbe Stunde dauert. Wahrhaftig, die Seele erkennt sich selbst nicht wieder. Denkt doch nur an den Unterschied zwischen der häßlichen Raupe und dem schönen weißen Schmetterling! Sie kann sich gar nicht erklären, wie ihr soviel Gnade zufließt. Die Seele möchte vergehen und tausend Tode sterben, um den Herrn so zu preisen, wie es sie innerlich drängt."[27]

Das Anschauen des Schmetterlingsbildes in der Maximuskapelle[28] kann die Frage nach meiner Wandlung im Tod wachrufen und wie ich dazu stehe: gleichgültig, angstvoll, zuversichtlich? Aber auch, wie ich zu nahen Menschen stehe, die bereits gestorben sind. Ob aus ihrer zeitlichen Nähe damals jetzt eine ewige Nähe geworden ist mit der Möglichkeit, sie in die Preisung Gottes mit einzubeziehen: „Preist den Herrn, ihr Geister und Seelen der Gerechten!"?

Das Anschauen des Schmetterlingsbildes kann mich aber auch vor die Frage stellen, wie es um meine eigene Wandlung steht von der Raupe über die Verpuppung zum Schmetterling. Wie weit mein Leben bereits in Christus verborgen ist, wie weit mein Dasein mit Gott verbunden ist, wie weit ich durchdrungen bin vom Lobpreis: „Preist den Herrn, ihr Menschen."

6. DANIEL IN DER LÖWENGRUBE

Im nördlichen Fenster des Chorumgangs hat Georg Meistermann einen anderen Abschnitt aus dem Buch Daniel gestaltet: die Erzählung von Daniel, der den Löwen vorgeworfen wird und der von Gott wunderbar errettet wird[29].

Daniel, ein frommer Jude, ist am Hof des Perserkönigs in hohe Ämter aufgestiegen wegen seiner Klugheit und Tüchtigkeit. Seinen Rivalen gelingt es, dem König ein Gesetz abzunötigen, welches das Gebet zu Gott unter Todesstrafe verbietet. Daniel bleibt bei seiner Gebetspraxis, wird von seinen Rivalen angezeigt und in die Löwengrube geworfen.

In der Mitte des Fensters erhebt Daniel seine Hände zu Gott. Unter ihm äußerste Gefahr durch die Löwen, über ihm die schützenden Flügel des Engels Gottes. Daniel als Bild des Menschen, der sich in großer Not vertrauensvoll an Gott wendet.

Die Psalmen haben solche Situation vielfältig ins Wort gebracht:

Mein Gott, ich rufe bei Tag, doch du gibst keine Antwort.
Ich rufe bei Nacht und finde doch keine Ruhe.
Sei mir nicht fern, denn die Not ist nahe,
und niemand ist da, der hilft.
Rette mich vor dem Rachen des Löwen,
vor den Hörnern der Büffel rette mich Armen.
(Ps 22, 3.12.22)

Während Daniel sich an Gott wendet in seiner Not, ist die Gefahr bereits gebannt: Die Löwen unter ihm haben alles Erschreckende verloren. Sie sind zu zahmen Spieltieren[30] geworden, die Daniel nichts zuleide tun, so daß Bitte und Lobpreis ineinander übergehen:

Aus dem nördlichen Fenster des Chorumgangs

Ich hoffte, ja ich hoffte auf den Herrn.
Da neigte er sich mir zu und hörte mein Schreien.
Er zog mich herauf aus der Grube des Grauens,
aus Schlamm und Morast.
Er stellte meine Füße auf den Fels,
machte fest meine Schritte.
Er legte mir ein neues Lied in den Mund,
einen Lobgesang auf ihn, unseren Gott.
Viele werden es sehen, in Ehrfurcht sich neigen
und auf den Herrn vertrauen.
(Ps 40, 2–4)

Im rechten Feld des Fensters sind Formen sichtbar wie Noten für die Melodie des Lobpreises.

Die Erzählung endet damit, daß der König den Daniel aus der Grube herausholen läßt. Daniel bekennt: „Mein Gott hat seinen Engel gesandt und den Rachen der Löwen verschlossen" (Dan 6, 23a). Diejenigen aber, die Daniel vernichten wollten, werden nun selbst in die Grube geworfen und von den Löwen zermalmt.

Im Betrachten dieses Fensters kann ich meine persönlichen Nöte und alle Not dieser Welt vor Gott bringen.

Die frühe Kirche sah in dieser Schilderung ein Bild für die größte und letzte Not des Menschen, den Tod, und für seine Errettung aus dem „Rachen des Löwen", wie es in der Begräbnisfeier heißt, durch die Auferstehung Jesu[31].

7. DER SCHLUSSAKKORD

Die beiden Fenster gegenüber der Astronomischen Uhr bilden den Abschluß des Zyklus. Die Farbenvielfalt im Maßwerk ist wie ein Nachhall des Lobgesangs. Bildhafte Aussagen fehlen. Die abstrakten Formen wollen dem Zyklus nichts Neues hinzufügen. Sie sind vielmehr wie ein „Amen", wie eine Bestätigung der Aussagen in den anderen Fenstern ohne eigenen thematischen Anspruch.

Die geometrischen Formen als Zeichen für Maß und Ordnung korrespondieren mit Maß und Ordnung der Zeit, welche von der Astronomischen Uhr gegenüber angezeigt werden. Die langgestreckten Motive nehmen die Formensprache der benachbarten Orgel auf.

Durch diese gestalterische und räumliche Verbindung der beiden abschließenden Fenster zu Orgel und Uhr lassen sich die Bilder des Lobgesangs in Beziehung setzen zum Lobpreis der Liturgie, die täglich im Dom gefeiert wird und bei der die Orgel[32] eine wichtige Gestaltungsaufgabe hat. Außerdem gehört die Preisung aus dem Buch Daniel, die im Fensterzyklus dargestellt ist, zum festen Bestandteil der Liturgie der Kirche[33].

Das ist auf dem Weg durch die Zeit Aufgabe der Kirche, sowohl als Gemeinschaft wie als Bauwerk: den Lobpreis Gottes anzuregen in den Herzen der Menschen. Solcher Lobpreis führt zu vertrauender Lebensbejahung, da er gemeinschaftsfähig macht mit Gott und mit Menschen.

Südliche Fenster des Chorumgangs

Feuer. Aus dem linken Fenster der Josefskapelle

8. BILD UND DEUTUNG

Der Lobgesang im Dom zu Münster ist Georg Meistermanns letzter Fensterzyklus. Er hat die Vollendung dieses Werkes nicht mehr erlebt. Ob er der geistlichen Deutung zustimmen würde? Es wird von ihm die Aussage überliefert, er wisse nicht, *was* er mache, wenn er male. Das sagten ihm später dann die anderen[34]. Die leise Ironie, die in diesem Ausspruch mitschwingt, läßt die Frage müßig erscheinen, wie sich der Künstler zu Deutungen seiner Werke stellen würde. Die Offenheit aber, die sich ebenfalls in dieser Äußerung zeigt, legt ein deutendes Wort nahe.

Im Umgehen mit Bildern handelt es sich um einen stets neuen Übersetzungsvorgang. Der Künstler hat den biblischen Text in Formen und Farben übersetzt und so Worte anschaulich gemacht. Für den Betrachter können sich nun wiederum die künstlerischen Bilder mit seinen eigenen inneren Bildern verbinden, so daß das Geschaute zu dessen Lebenswirklichkeit in Beziehung tritt, diese anrührend und bewegend[35].

Solche Übersetzungsvorgänge sind hilfreich, weil wir zwar die diesseitige Wirklichkeit in direktem Zugriff gewinnen können mit Hilfe mathematischer Formeln und naturwissenschaftlicher Fakten, weil wir uns aber der darüber hinaus reichenden Wirklichkeit nur vergewissern können im Prozeß der Annäherung. Die Übersetzungsvorgänge durch den Künstler wie durch den Betrachter können solch ein Prozeß der Annäherung sein.

Es ist ja das Beglückende dieser Fenster, wie das Beglückende von Kunst überhaupt, daß hier nicht eindeutige und unabweisbare Festlegung angestrebt wird. Denn in der Festlegung durch Messen und Zählen kann der Mensch höchstens das begreifen, was zu seiner Welt gehört.

Hier aber kann sich das Gegenteil ereignen: statt Festlegung Bewegung. Bewegung auf die Wirklichkeit zu, die über alles Diesseitige hinaus reicht.

„Die Kunst ist entstanden durch ein Sehen, das mehr sieht, als die physikalische Analyse wahrnehmen kann. Sie ist Produkt einer Einheit von Sinn und Geist, die sich nicht in intellektuelle Reflexion und sinnliche Gestaltung zerlegen läßt; sie ist Ausdruck jener urtümlichen Einheit des Menschen, kraft deren der Geist sinnlich und die Sinne geistig sind. So erscheint im Sinnlichen das, was mehr als sinnlich, als materiell vordergründig da ist. Insofern kommt in der Kunst das eigentliche Wesen des Menschen zur Geltung, denn sein Wesen ist gerade die sinnliche Geistigkeit und die geistige Sinnlichkeit."[36]

So kann in der Betrachtung dieser Fenster der Mensch seines Wesens gerade dadurch innewerden, daß er über sich selbst hinausspürt. Daß er Spuren sucht und findet, die sich seiner Verfügbarkeit entziehen und gerade so den Wegcharakter signalisieren vom Endlichen zum Unendlichen, der wesenhaft zum Menschen gehört.

Fenster haben gegenüber manchen anderen Kunstwerken eine unabweisbare Funktion. Ohne Verglasung wäre es im Innern zu laut und zu kalt, von ungebetenen Gästen ganz zu schweigen. Die Unbestechlichkeit der Bleiruten verlangt vom Künstler sorgfältige Planung und eindeutiges Vorgehen. All das mag dem heutigen Betrachter besonders entgegenkommen.

Dann aber ist Entgegenkommen seinerseits gefragt: daß er sich Zeit nimmt zum Schauen. Dazu Georg Meistermann: „Die Leute müssen sich die Zeit nehmen, die ich mir nehme."[37] Ferner: daß der Betrachter zu sich selbst kommt mit der Bereitschaft, nicht bei sich selbst stehenzubleiben. Daß er sich von Farben und Formen entführen läßt aus der Welt der Gedanken in die Welt der Bilder, die mit seinen eigenen inneren Bildern korrespondieren und diese klären und deuten.

Dann kann es sich ereignen, daß die angeschauten Bilder so sehr in

8. Bild und Deutung

Beziehung treten zu den persönlichen inneren Bildern, daß diese wie Eisenspäne durch einen Magneten immer mehr eine gemeinsame Ausrichtung erfahren. Die Ausrichtung auf das Thema, das den Fenstern gemeinsam ist: Lobpreis Gottes.

Daß die konkrete Situation des Betrachters, wie immer sie auch sein mag, zum Lobpreis Gottes wird, ist die Form positiven Denkens, die nicht ein methodischer Trick ist, sondern die grundgelegt ist im Verhältnis von Schöpfer und Geschöpf. Diese Art positiven Denkens ist in der Bibel vielfach bezeugt[38].

Wo immer jemand sich aus seiner konkreten Lebenssituation heraus auf diesen Weg einläßt, der zum Lobpreis führt, da wird er angezogen von dem Gott, der da ist. Von dem, der mitgeht auch durch den Feuerofen von Schmerz und Anfechtung. Der mitgeht durch Höhen und Tiefen der Geschichte, durch Licht und Schatten des Alltags, durch Schönheit und Gefährdung der Schöpfung. Der mitgeht tröstend und heilend. Der mitgeht als einer, der zum Handeln ermutigt. Der mitgeht auch auf noch unbekannten Wegen (vgl. Jes 42,16a).

LOBGESANG

⁵¹Da sangen die drei im Ofen
wie aus einem Mund,
sie rühmten und priesen Gott mit den Worten:

⁵²Gepriesen bist du, Herr,
du Gott unserer Väter,
gelobt und gerühmt in Ewigkeit.

Gepriesen ist dein heiliger, herrlicher Name,
hoch gelobt und verherrlicht in Ewigkeit.

⁵³Gepriesen bist du im Tempel
deiner heiligen Herrlichkeit,
hoch gerühmt und verherrlicht in Ewigkeit.

⁵⁴Gepriesen bist du, der in die Tiefen schaut
und auf Kerubim thront,
gelobt und gerühmt in Ewigkeit.

⁵⁵Gepriesen bist du auf dem Thron
deiner Herrschaft,
hoch gerühmt und gefeiert in Ewigkeit.

⁵⁶Gepriesen bist du am Gewölbe
des Himmels,
gerühmt und verherrlicht in Ewigkeit.

⁵⁷Preist den Herrn, all ihr Werke des Herrn;
lobt und rühmt ihn in Ewigkeit!

⁵⁸Preist den Herrn, ihr Himmel;
lobt und rühmt ihn in Ewigkeit!

⁵⁹Preist den Herrn, ihr Engel des Herrn;
lobt und rühmt ihn in Ewigkeit!

⁶⁰Preist den Herrn,
all ihr Wasser über dem Himmel;
lobt und rühmt ihn in Ewigkeit!

⁶¹Preist den Herrn, all ihr Mächte des Herrn;
lobt und rühmt ihn in Ewigkeit!

⁶²Preist den Herrn, Sonne und Mond;
lobt und rühmt ihn in Ewigkeit!

⁶³Preist den Herrn,
ihr Sterne am Himmel;
lobt und rühmt ihn in Ewigkeit!

⁶⁴Preist den Herrn,
aller Regen und Tau;
lobt und rühmt ihn in Ewigkeit!

⁶⁵Preist den Herrn, all ihr Winde;
lobt und rühmt ihn in Ewigkeit!

⁶⁶Preist den Herrn, Feuer und Glut;
lobt und rühmt ihn in Ewigkeit!

⁶⁷Preist den Herrn, Frost und Hitze;
lobt und rühmt ihn in Ewigkeit!

⁶⁸Preist den Herrn, Tau und Schnee;
lobt und rühmt ihn in Ewigkeit!

⁶⁹Preist den Herrn, Eis und Kälte;
lobt und rühmt ihn in Ewigkeit!

⁷⁰Preist den Herrn, Rauhreif und Schnee;
lobt und rühmt ihn in Ewigkeit!

⁷¹Preist den Herrn, ihr Nächte und Tage;
lobt und rühmt ihn in Ewigkeit!

⁷²Preist den Herrn, Licht und Dunkel;
lobt und rühmt ihn in Ewigkeit!

⁷³Preist den Herrn, ihr Blitze und Wolken;
lobt und rühmt ihn in Ewigkeit!

⁷⁴Die Erde preise den Herrn;
sie lobe und rühme ihn in Ewigkeit.

⁷⁵Preist den Herrn, ihr Berge und Hügel;
lobt und rühmt ihn in Ewigkeit!

⁷⁶Preist den Herrn,
 all ihr Gewächse auf Erden;
lobt und rühmt ihn in Ewigkeit!

⁷⁷Preist den Herrn, ihr Quellen;
lobt und rühmt ihn in Ewigkeit!

⁷⁸Preist den Herrn, ihr Meere und Flüsse;
lobt und rühmt ihn in Ewigkeit!

⁷⁹Preist den Herrn, ihr Tiere des Meeres
und alles, was sich regt im Wasser;
lobt und rühmt ihn in Ewigkeit!

⁸⁰Preist den Herrn, all ihr Vögel am Himmel;
lobt und rühmt ihn in Ewigkeit!

⁸¹Preist den Herrn, all ihr Tiere,
wilde und zahme;
lobt und rühmt ihn in Ewigkeit!

⁸²Preist den Herrn, ihr Menschen;
lobt und rühmt ihn in Ewigkeit!

⁸³Preist den Herrn, ihr Israeliten;
lobt und rühmt ihn in Ewigkeit!

⁸⁴Preist den Herrn, ihr seine Priester;
lobt und rühmt ihn in Ewigkeit!

Daniel 3,51–90

⁸⁵Preist den Herrn, ihr seine Knechte;
lobt und rühmt ihn in Ewigkeit!

⁸⁶Preist den Herrn,
ihr Geister und Seelen der Gerechten;
lobt und rühmt ihn in Ewigkeit!

⁸⁷Preist den Herrn,
ihr Demütigen und Frommen;
lobt und rühmt ihn in Ewigkeit!

⁸⁸Preist den Herrn,
Hananja, Asarja und Mischaël;
lobt und rühmt ihn in Ewigkeit!

Denn er hat uns der Unterwelt entrissen und
aus der Gewalt des Todes errettet.

Er hat uns aus dem lodernden Ofen befreit,
uns mitten aus dem Feuer erlöst.

⁸⁹Dankt dem Herrn, denn er ist gütig;
denn seine Huld währt ewig.

⁹⁰Preist alle den Herrn, ihr seine Verehrer,
preist den Gott der Götter;

singt ihm Lob und Dank;
denn ewig währt seine Güte.

ANMERKUNGEN

1. Zur Baugeschichte des Domes vgl. F. Mühlen, Der Dom zu Münster und seine Stellung in der mittelalterlichen Architektur, in: A. Schroer, Monasterium, Münster 1966, 55 ff. und die dort angegebene Literatur.
2. Die Fenster in der Ostapsis zeigen Paulus, den Patron des Domes (mittleres Fenster), und Szenen aus dem Leben des Paulus (linkes und rechtes Fenster). Die sechzehn Medaillons in der Westwand zeigen abstrakte Blattmotive. Die Fenster stammen von dem französischen Glasmaler Maximilian Ingrand aus den Jahren 1956 (Westwand) und aus dem Jahre 1961 (Hochchor).
3. Die drei Galenschen Kapellen wurden 1663/1664 im Auftrag von Fürstbischof Christoph Bernhard von Galen durch Johann Mauritz Gröninger erbaut. An die südliche Maximuskapelle schließen sich die Ludgeruskapelle und die Josefskapelle an. Die vierte, nördliche Kreuzkapelle wurde hundertfünfzig Jahre früher als Sakristei errichtet.
4. Die Frage, ob das Bild den König darstellen soll oder ob es sich um ein Götterbild handelt, kann hier offenbleiben. Vgl. A. Bentzen, Daniel, Tübingen 1952, 34 f.
5. Dan 3,51. Bei diesem Lobgesang handelt es sich um einen Text, der in das Buch Daniel eingefügt worden ist. Das Alter dieses Lobgesangs, der nach dem Vorbild der jüdischen Segensformeln und der Psalmen gestaltet ist, ist unbestimmt. Vgl. A. Robert und A. Feuillet, Einleitung in die Heilige Schrift, Band 1, Wien 1963, 765; O. Eissfeldt, Einleitung in das Alte Testament, Tübingen 1964, 799; O. Plöger, Zusätze zu Daniel, Jüdische Schriften aus hellenistischer und römischer Zeit I, 1, Gütersloh 1973, 63 ff.
6. Der 1. Klemensbrief (45,6.7) bringt den Lobpreis im Feuerofen und Daniel in der Löwengrube in einem Zusammenhang. In den römischen Katakomben gibt es sowohl Darstellungen der drei Jünglinge im Feuerofen als auch des Daniel in der Löwengrube (vgl. Reallexikon für Antike und Christentum III, Stuttgart 1957, 579).
7. Dan 6,23. In der Erzählung von Daniel in der Löwengrube (Dan 6,2–29) geht es um dasselbe Motiv wie bei den dreien im Feuerofen: Gott läßt den Menschen, der auf ihn vertraut, nicht allein. Er ist mit ihm auch in größter Bedrängnis. Vgl. G. von Rad, Theologie des Alten Testaments II, München 1960, 323.
8. So die volkstümliche Bezeichnung für Clemens August Kardinal von Galen (1878–1946) wegen seines Widerstandes gegen den Nationalsozialismus.
9. Vgl. Ex 3,1 ff. Pascal trug den Zettel mit den Worten seines Bekehrungserlebnisses immer bei sich. Hier zitiert nach A. Beguin, Pascal, Hamburg 1959, 111.
10. Vgl. J. Jeremias, Unbekannte Jesusworte, Gütersloh ³1963, 65.
11. Vgl. Dtn 4,24: Der Herr, dein Gott, ist verzehrendes Feuer; Mal 3,2: Er (Gott) ist wie das Feuer im Schmelzofen.
12. Vgl. Ex 3,14, die Begegnung Gottes mit Mose im brennenden Dornbusch und seine Selbstoffenbarung als der „Ich-bin-da".

Anmerkungen

13 Vgl. dazu H. Vorgrimler, Wiederkehr der Engel, Kevelaer 1991, 32 ff.
14 Vgl. Ps 17,8; 36,8; 57,2; 61,5; 63,8.
15 Zitiert nach E. Lorenz, Licht der Nacht, Johannes vom Kreuz erzählt sein Leben. Freiburg 1990, 254 f.
16 Die Briefe des heiligen Ignatius von Antiochien, Freiburg ³1942, 49.
17 Vgl. 2 Petr 1,19. „Als Morgenstern ... ist ... wohl ursprünglich der bei der Parusie in Herrlichkeit erscheinende Christus zu verstehen": O. Knoch, Der erste und zweite Petrusbrief, Regensburg 1990, 256.
18 Vgl. Dan 6,11 und die Auslegung von J. Bours, Nehmt Gottes Melodie in euch auf, Freiburg 1985, 138 f.
19 I. Bachmann, An die Sonne, Werke I, Wien ³1984, 136.
20 Basilius, Hexaemeron 8 VIII, zitiert nach D. Forstner, Die Welt der Symbole, Innsbruck 1961, 429. Vgl. auch E. Lorenz, Mystische Schmetterlingskunde, in: Geist und Leben 57 (1984), 405 ff., und Mircea Eliade, Mythen, Träume und Mysterien, Salzburg 1961, 144–159.
21 Fahrt ins Staublose, Frankfurt 1961, 89. Vgl. auch G. Schuth, Der Nachbar des Schönen ist der Tod. Zur Symbolgeschichte des Schmetterlings, in: Geist und Leben 61 (1988), 416 ff.
22 J. W. Goethe, Selige Sehnsucht, in: H. Piontek, Lieb, Leid und Zeit und Ewigkeit, Hamburg 1981, 225.
23 Theophilus von Antiochien, An Antolykos 1,13, in: Texte der Kirchenväter IV, München 1964, 491.
24 Ursprünglich bedeutet „emancipare" im römischen Patriarchat: einen erwachsenen Sohn oder Sklaven aus der väterlichen Gewalt in die Selbständigkeit entlassen. Vgl. Der Große Duden, Band 7, Mannheim 1963, 135.
25 Vgl. Anm. 20. Ferner: Die schönsten Upanishaden, Zürich 1951, 171 f., zitiert in: E. Lorenz, Mystische Schmetterlingskunde, 406, dort weitere Literatur. Vgl. auch Artikel „Schmetterling" in: Lexikon der Alten Welt, Zürich–Stuttgart 1965, sowie in: Lexikon der christlichen Ikonographie IV, Freiburg 1972.
26 Fahrt ins Staublose. Die Gedichte der Nelly Sachs, Frankfurt 1961, 148.
27 Zitiert nach E. Lorenz, Mystische Schmetterlingskunde, a. a. O. 408.
28 Aus größerer Nähe betrachtet werden kann eine Nachschöpfung des Schmetterlingsbildes aus der Hand von Georg Meistermann in der Domkammer. Es ist eine Leihgabe von Dompropst em. Wilhelm Gertz.
29 Dan 6. Zur Exegese dieser „weisheitlichen Lehrerzählung" (so E. Haag, Die Errettung Daniels aus der Löwengrube, Stuttgart 1983, 84) vgl. R. Albertz, Der Gott des Daniel, Stuttgart 1988, 113 ff.
30 Von L. Klockenbusch stammt der schöne Gedanke, ob in den Mienen der gezähmten Wildkatzen nicht etwas vom göttlichen Humor aufscheint. Vgl. L. Klockenbusch, Die Fenster von Georg Meistermann im Kapellenkranz des St.-Paulus-Domes zu Münster, 18, Druck des Bischöflichen Generalvikariats.
31 Vgl. Origenes, Contra Celsum VII, 57. Ähnlich Hippolyt: „Babylon bedeutet die Welt, die Satrapen

Anmerkungen

    die irdischen Gestalten, die Grube die Hölle und die Löwen die Folterengel. Wenn du in die Löwengrube geworfen wirst, wirst du vom Engel beschützt werden, du wirst die wilden Tiere bändigen, lebendig aus der Grube gezogen werden und an der Auferstehung teilhaben" (Comm. in Dan. 3, 31).

32 Der Domorganist Dr. Hans Ossing hat zu den Fenstern des Lobgesangs eine Orgelkomposition geschaffen. Ferner bestehen erste Überlegungen zum Auftrag für ein Chorwerk zu den Themen der Fenster.

33 In den Laudes, dem Morgenlob der Kirche, hat am Sonntag der Lobpreis aus dem Feuer seinen festen Platz. Vgl. auch im Gotteslob die Gesänge Nr. 281 und Nr. 677.

34 Vgl. D. Schmidt, Kunst kann Gemeinschaft stiften, Süddeutsche Zeitung 15. 6. 1990, Hervorhebung dort.

35 Vgl. J. Bours, Halt an, wo laufst du hin? Bildmeditationen. Herausgegeben und mit einer Einführung von P. Deselaers, Freiburg 1990, 11 f.

36 J. Ratzinger, Laudatio auf Christine Stadler, vervielfältigtes Manuskript, 1 f.

37 G. Meistermann, Kirche und moderne Kunst, 132. In: Athenäum, 1988, Frankfurt a. M.

38 Z. B. Ps 86; Jona 2; Hab 3, 15–19.

Alle Rechte vorbehalten – Printed in Germany
© Verlag Herder Freiburg im Breisgau 1992
Satz: Fotosetzerei G. Scheydecker, Freiburg im Breisgau
Druck und Bindung: Freiburger Graphische Betriebe 1992
ISBN 3-451-22613-8